LES CONIVRATIONS

FAITES A' VN. DEMON POSSEDANT LE CORPS D'VNE GRANDE Dame.

Ensemble les estranges responses par luy faites aux saincts Exorcismes en la Chappelle de Nostre Dame de la Guarison au Diocœse d'Auche, le 19. Nouembre 1618. & iours suiuants.

Suiuant l'attestation de plusieurs personnes dignes de Foy.

A PARIS,

Chez ISAAC MESNIER, ruë sainct Iacques, au Chesne verd.

M. DC. XIX.

LES
CONIVRATIONS
faites à vn Demon possedant
le corps d'vne grande
Dame.

NOvs soubsignez, certifions auoir veu, que le 19. Nouembre 1618. enuiron trois ou quatre heures du soir, apres auoir demeuré vne heure ou enuiron dans vne Chappelle de Nostre Dame de Guarison, au Dioccese d'Auche, Exorciser vne Noble Dame de qualité, dotle merite & l'hóneur de la maisóme fait taire le nom, auec les exorcismes accoustumez en telles actions, elle fit de grands hurlements, grossit extraordinairemét le visage, & le diable auroit esté cótraint, apres

plusieurs exorcismes, de respon-
dre; & en fin d'vne façon hideu-
se & effroyable, dit confusément,
& au commencement six fois
Ma, ma, ma, ma ma, ma, puis trois
fois, *Magot, Magot, Magot,* le-
quel estant decouuert par la de-
claration de son nom, fut à la
poursuitte des saincts Exorcismes, poursuiuy viuement, *luy*
commandant de quitter la place, &
de laisser en paix ladite Dame, que
contraint d'obeyr aux comman-
demens qui luy estoient faicts
par la Toute-puissance de Dieu,
sortit en fin en grossissant & tor-
dant extraordinoirement la
bouche & le gosier de ladite Dame, laissant vne grande puan-
teur, qui fut sentie de plusieurs
& diuerses personnes dignes de
foy, le tesmoignant, laquelle sor-
tie a esté encore manifestée, en

ce que Magot depuis le cōmancement de ladite maladie d'ieelle Dame, & ne faiſoit que hurler & abbayer comme vn chien, lors qu'il entendoit parler d'vn mariage, ou du diuin Sacrement, à l'inſtant que Magot fut ſorty, ladite Dame auec vne autre face riante baiſant la Croix, & faiſant le ſigne d'icelle, dit ces paroles: *Dieu ſoit loué, ie n'ay plus de douleur, ie ſuis deliurée.*

Le lendemain 20. Nouembre, an ſuſdit, dans la meſme Chappelle de Noſtre Dame de Guariſon, enuiron deux heures apres midy, la ſuſdite Dame fut derechef exorciſée, où ayant demeuré long temps aux exorciſmes, pour ſçauoir ſi point elle auoit encore eu quelque maling en ſon corps qui y fut reſté, pour y demeurer apres Magot, nous

vilmes en fin par la vertu de
Dieu, faire à ladite Dame des
grimaffes horribles, & entendif-
mes de grands hurlements, Ce
qui nous fit voire qu'il y auoit
encore quelque demon en fon
corps; de forte que redoublans
nos prieres, & nos Exorcifmes en
tel cas accouftumez, & cóman-
dement à l'efprit, ou aux efprits,
s'il s'y eftoiét en nombre, de ref-
pondre aux interrogatoires qui
luy feroient faits de la part de
Dieu, & du fainct Sacrement, &
après plufieurs & diuers com-
mandements, commença à parler auec grande difficulté par la
bouche de la patiente, & nous
commençafmes à l'interroger
de la forte :

XI. Quel eftoit fon nom, d'où il
eftoit, & de quelle region, a ref-
pondu au commandement qui

luy estoit fait par la puissance de
Dieu, que son nom estoit Maho-
nin, de la 3. hierarchie, du second
Ordre des Archanges, & que sa
demeure, auāt qu'il entrast dans
le corps, estoit dans les eaux.

Conjuré de dire quel sainct
estoit au Ciel son aduersaire, a
respondu que c'estoit S. Marc
l'Euangeliste.

Interrogé & conjuré si point
il y auoit plusieurs esprits dans le
corps de ladite Dame, ou s'il
estoit seul, a dit qu'il n'y en auoit
point, mais qu'il estoit tout seul:
ce qu'il a respondu cõstamment
& par plusieurs fois.

Interrogé de l'authorité de qui
il estoit entré dans ce corps, &
qui luy auoit commandé, a dit
que c'estoit vn certain Religieux
que ie tais, pour l'honneur de son
Ordre.

Interrogé de quel lieu il estoit natif, dit estre de Beziers, ville de Languedoc, frontiere d'Espagne.

Interrogé à quelle intention, & à quelle fin il l'auoit mis en ce corps, a respondu que c'estoit à fin de pouuoir iouïr de ladite Dame.

Interrogé en quel iour il estoit entré dans ce corps, a dit que ce fut le 3. Mardy de la Caréme dernier du mois de Mars, estant ladite Dame dans la ville d'Agen.

Interrogé si le Religieux estoit Magicien, a dit qu'ouy, & qu'à ces fins il s'estoit doné au diable.

Interrogé s'il pouuoit oster le charme à la patiente, a respondu que non, par plusieurs fois, disant qu'il n'en auoit point le pouuoir.

Interrogé qui estoit celuy qui

Inter-

le pouuoit oster, a dit que c'estoit
le mesme Religieux, ce qu'il re-
peta souuent disant son nom.

Interrogé pour combien
estoit le charme, a dit pour deux
ans.

Interrogé, s'il ne pouuoit plu-
stost estre osté, a dit que non, si
ledit Religieux ne rompoit le
billet, ou s'il ne mouroit.

Interrogé où estoit le Religieux, en quelle ville, & en quel
lieu, a dit constammnt qu'il
estoit à Thoulouse, dans vne
chambre basse de son Conuent,
du costé droict de la basse court,
d'où il ne sortoit point.

On luy demande si point il
l'aduertiroit, ou s'il le feroit ad-
uertir par quelque autre diable,
respondit constamment disant,
par plusieurs fois ces paroles,
Non feray, non feray, mais qu'on

uille à *Thoulouze* on le prendra, *&*
le diable l' trompera: ce qu'il repe-
ta par plusieurs fois.

Interrogé en quelle part estoit
le billet charmé, & qui l'auoit, a
dit qu'il estoit en la puissance dudit Religieux, & qu'il l'auoit mis
dans sa chambre, dessous le mar-
chepied de la fenestre , & dans
vne fente.

Interrogé en vertu du S.
Sacrement tousiours & coniuré
de dire quels mots estoient escrits dans le caractere & charme,
a dit souuent *amso, amsa, amcot.*

Commandement luy ayant
esté fait de les mettre par escrit
ne les pouuant comprendre, a
prins la plume auec vne grande
constance, & a escrits ces mots
cy dessus mentionnez.

Coniuré d'aller querir ledit caractere, & l'apporter en la pre-

B

sence de tous en la Chapelle de
Nostre Dame de Guarizon, a dit
qu'il ne pouuoit, & qu'il estoit
dans le corps de la patiente pour
la tourmenter.

Commandé donc de marquer
le lieu où estoit le billet, charmé,
afin de le trouuer plus facilemét,
a dit que contraint par la force
du diuin Sacrement, il y feroit
vne petite marque bleuë en for-
me de croix, que tout le monde
qui iroit la verroit, horsmis ledit
Religieux.

Interrogé si point il auoit par-
lé aux Religieux, & quand, & en
quel lieu, a dit l'auoir veu hier 19.
de Nouembre, enuiron midy au
bord de la riuiere de Garóne au-
pres de Thoulouse, sous vn arbre
dans vn pré, en figure de bouc.

Interrogé pourquoy ce Religieux n'estoit arriué à l'executió

de sa magie, respõdit que la patiē
te l'a tousiours empesché, par la
creãce qu'elle auoit en Dieu, par
la foy & la simplicité, & par la relique qu'elle portoit en son bras.

Interrogé quelle relique estoit
a dit, qu'elle estoit du bois de la
vraie croix du fils de Dieu, & que
le bois le tourmentoit fort.

Interrogé si point le Religieux
alloit au sabbat, a dit qu'il y alloit
portant des Calsons de toile.

Interrogé pourquoy il ne per-
toit son habit quand il alloit au
sabbat, a dit qu'il ne pouuoit
pour estre son habit benist.

Interrogé si le sabbat se tenoit en plusieurs lieux, a respondu qu'il se tenoit en Espagne, en
France, & plusieurs lieux, mesme
dans Thoulouze, en vn pré pres
du Basagle nõmé le pré d'Angie.

Interrogé en quel temps, en

quel iour, & à quelle heure on tenoit ledit sabbat, a dit que c'e-
stoit toutes les sepmaines le iour
du ieudy, enuiron la minuict.

Interrogé comment pouuoit
faire ce Religieux pour y aller,
& se trouuer au sabbat, a dit qu'il
fermoit la porte de sa chambre
par derriere, & qu'il trompoit
vn autre Religieux de sa sorte.

Interrogé si l'on apprẽd la Magie dãs Thoulouze, a dit qu'ouy.

Interrogé qui estoit le Maistre
qui l'enseignoit, de quelle nation
il estoit, de quel aage, de quelle
statuë, & quel nom il auoit, a dit
qu'il estoit Espagnol, du lieu de
Saragosse, aagé de 30. ans, d'vne
statuë haute, de poil noir, & que
son nom estoit Halare du Pré.

Interrogé s'il auoit force escol-
lier pour apprendre la Magie, a
dit qu'il n'en auoit que quinze.

Interrogé fi Magot, qui f'eftoit
ainfi nommé le iour auparauant
eftoit faoul de ce corps, & en
quel lieu il eftoit allé, a dit qu'il
eftoit forty, & qu'il eftoit allé lo-
ger dans les enfers.

Interrogé qui faifoit le chien,
& abbayoit en la prefence du S.
Sacrement, a dit que c'eftoit
Magot, & que luy faifoit le refte,
car le Poftillon, le Coq, le Tau-
reau, le Chat, la Perdrix, le Pour-
ceau, & le Coq d'Inde.

Coniuré de dire qui eftoit fon
Maiftre, a dit que c'eftoit Lucifer
qui brufloit dans les Enfers.

Interrogé quel Ange eftoit le
Gardien du Diocœfe d'Auche, a
dict Iael & noftre Dame la pro-
tectrice de ce païs.

En outre fi le fufdit Religieux,
auoit fait d'autres caracteres, &
fi point il auoit charmé d'autres

creatures, a dit ſçauoir deux filles
qui ſont au ſeruice de ladicte
Dame, & que la 1. fut charmée
pour auoir par ſon moyen plus
facile accés, & libre entrée au
chaſteau de ladicte Dame: la 2.
pour faire qu'vn autre Religieux
jouïſt d'elle, le nom du diable
de l'vne deſdictes filles, eſt Am-
boc, & celuy de l'autre Ambec.

Interrogé quand ces charmes
furent donnez, & qui les donna
reſpond que c'eſtoit le Religieux
le Védredy 4. May, en la touchât
au chaſteau de ladicte Dame.

Interogé qu'eſtoit contenu au
S. Sacrement de l'Autel, a dit có-
trainéts par la vertu meſme du S.
Sacremêt, que c'eſtoit le Roy des
Cieux, l'Aigneau Ieſus fils de la
Vierge Marie.

Enquis pourquoy il eſtoit dâné
a repeté ſouuent, *Trop de gloire.*

trop de gloire,trop de gloire.

Cómandé de donner vn signe quand il sortiroit, a dit qu'il en donneroit vn qui seroit qu'il jetteroit vne pierre de la Tour, du côté du fossé dãs l'eau dudit fossé

Commandé d'en donner vn autre, sçauoir d'esteindre vne lampe, & vn flãbeau qui estoiét allumez, persista au 1. signe auec plusieurs efforts & hurlemens, & escuma fort de la bouche, & leua fort haut ladicte patiente, nonobstant l'assistance de cinq ou six Prestres qui la tenoient pour l'empescher.

Cecy est tiré d'vn extraict signé en bas les nommez Pierre Hijer, Vicaire General de Mõseigneur l'Archeuesque d'Auche, R.P. Pierre Bouquier Prouincial des freres Prescheurs, Pierre Ge[illegible] Recteur d[illegible]son.

Iean Durand Preſtre Religieux de la Compagnie de Ieſus.

Iean Verdier Lieutenant de Monſieur l'Official d'Auche.

Nicolas Tiſſier, Iean Mamus, & Iean d'Auche Preſtres, F. Iean de Loing Religieux des freres Preſcheurs, & compagnon du R. P. Prouincial.

F. Paul de Chanus, Capucin Gardien du Conuent de noſtre-Dame de Medons indigne.

Iean Portier Religieux de la Compagnie de Ieſus.

Il y auoit pluſieurs autres ſeings en l'Original, dont a eſté tiré le preſent extraict.

FIN.